AF477312

Todos los libros de Linkgua Ediciones cuentan con modelos de Inteligencia Artificial entrenados por hispanistas. Pregúntale al chat de tu libro lo que desees acerca de la obra o su autor/a.

Para ebooks: Accede a nuestro modelo de IA a través de este enlace.

Para libros impresos: Escanea el código QR de la portada con tu dispositivo móvil.

Obtén análisis detallados de nuestros libros, resúmenes, respuestas a tus preguntas y accede a nuestras ediciones críticas generativas para una experiencia de lectura más enriquecedora.
La transparencia y el respeto hacia la autoría de las fuentes utilizadas son distintivos básicos de nuestro proyecto. Por ello, las respuestas ofrecen, mediante un sistema de citas, las fuentes con las que han sido elaboradas.

Pedro Calderón de la Barca

A María el corazón

Barcelona 2024
Linkgua-ediciones.com

Créditos

Título original: A María el corazón.

© 2024, Red ediciones S.L.

e-mail: info@linkgua.com

Diseño de cubierta: Michel Mallard.

ISBN rústica ilustrada: 978-84-9953-498-5.
ISBN tapa dura: 978-84-1126-020-6.
ISBN rústica: 978-84-9816-392-6.
ISBN ebook: 978-84-9816-994-2.

Sumario

Créditos 4

Brevísima presentación 7
   La vida 7
   Los autos sacramentales 8

A María el corazón 9

Personajes 10

Acto único 11

Libros a la carta 85

Brevísima presentación

La vida

Pedro Calderón de la Barca (Madrid, 1600-Madrid, 1681). España.

Su padre era noble y escribano en el consejo de hacienda del rey. Se educó en el colegio imperial de los jesuitas y más tarde entró en las universidades de Alcalá y Salamanca, aunque no se sabe si llegó a graduarse.

Tuvo una juventud turbulenta. Incluso se le acusa de la muerte de algunos de sus enemigos. En 1621 se negó a ser sacerdote, y poco después, en 1623, empezó a escribir y estrenar obras de teatro. Escribió más de ciento veinte, otra docena larga en colaboración y alrededor de setenta autos sacramentales. Sus primeros estrenos fueron en corrales.

Lope de Vega elogió sus obras, pero en 1629 dejaron de ser amigos tras un extraño incidente: un hermano de Calderón fue agredido y, éste al perseguir al atacante, entró en un convento donde vivía como monja la hija de Lope. Nadie sabe qué pasó. Entre 1635 y 1637, Calderón de la Barca fue nombrado caballero de la Orden de Santiago. Por entonces publicó veinticuatro comedias en dos volúmenes y La vida es sueño (1636), su obra más célebre.

En la década siguiente vivió en Cataluña y, entre 1640 y 1642, combatió con las tropas castellanas. Sin embargo, su salud se quebrantó y abandonó la vida militar. Entre 1647 y 1649 la muerte de la reina y después la del príncipe heredero provocaron el cierre de los teatros, por lo que Calderón tuvo que limitarse a escribir autos sacramentales. Calderón murió mientras trabajaba en una comedia dedicada a la reina

María Luisa, mujer de Carlos II el Hechizado. Su hermano José, hombre pendenciero, fue uno de sus editores más fieles.

Los autos sacramentales

Los autos sacramentales son obras religiosas de carácter alegórico representadas sobre todo en España y Portugal durante el Corpus Christi. Este género ocupa un papel muy interesante en la tradición teatral de Occidente, pues coexistió, antes de desaparecer, con una incipiente y cada vez más popular narrativa escénica interesada en los individuos, y en los sucesos mundanos.

A María el corazón

Personajes

El Furor
La Gula
La Culpa
La Pereza
La Soberbia
El Peregrino
La Avaricia
El Pensamiento
La Lascivia
Laureta, dama
La Ira
El Ángel
Envidia
Música

Acto único

Óyense en el primero carro instrumentos músicos, y mientras se canta dentro la primer copla, sale el Furor como oyéndola con asombro.

Ángel (Dentro.)	Salga del Asia infiel...
Música (Dentro.)	Salga del Asia infiel...
Ángel	Esta sagrada fábrica divina...
Música	Esta sagrada fábrica divina...
Ángel	Y vaya a Europa, donde... 5
Música	Y vaya a Europa, donde...
Ángel	Más venerada triunfe, reine y viva...
Música	Más venerada triunfe, reine y viva...
Ángel	Que no ha de estar cautiva...
Música	Que no ha de estar cautiva... 10
Ángel	En tirano poder la casa de María.
Música	En tirano poder la casa de María.
Furor	«¿Que no ha de estar cautiva en tirano poder la casa de María?»

¿Cuándo, Señor, la luminar tarea   15
del Sol madrugará para mí un día
sin que una alba esplendor de otra alba sea
en nuevas excelencias de María?
¿Cuándo, elegido empleo de tu idea,
en honra y gloria suya, en pena mía,   20
una aurora veré que el orbe dora
sin nuevos privilegios de otra aurora?
¿No bastaba que, estrella matutina
del mar, en el instante amaneciera
primero de su ser tan peregrina,   25
que a fuer de estrella ni una sombra viera,
sino que hoy Nazareth de Palestina
la casa que su oriente fue, a otra esfera
la vea sulcar en alas de querubes,
golfos de vientos, piélagos de nubes,   30
diciendo, para que más
atormentadas mis iras,
a vista de tanto asombro
suspiren, lloren y giman...

Música   Salga del Asia infiel   35
esta sagrada fábrica divina.

Furor   Si es porque vitorioso Saladino
el servil yugo vuelve a la garganta
hoy de Jerusalén, y a su destino
obediente otra vez la Tierra Santa   40
la cerviz dobla, ¿cómo tu divino
poder, de esclavitud, de pena tanta
tu sepulcro no saca, y de su impía
furia saca la casa de María?
Mas, ¡ay!, que como a ti no te ha tocado   45

ni ha podido tocar, que eres el que eres,
el más lejano viso del pecado,
mostrar, no en ti, sino en tu madre quieres
que casa que te vio Verbo Encarnado
es la que privilegias y prefieres,   50
como dando a entender si sería empeño
librar la casa y no librar el dueño.
Y si es esta la razón
¿qué me asombra, qué me admira
que de su centro se arranque,   55
de su asiento se divida?

Música   Y vaya a Europa, donde
                más venerada triunfe, reine y viva.

Furor   Y aún no aquí para de portento tanto
                la causa, pues se añade a este portento   60
                cuanto de tus apóstoles y cuanto
                de tus fieles su culto fue en aumento,
                pues de ellos consagrada en templo santo,
                ara fue del más alto sacramento
                que vio tu fe, pues vio contra el sentido   65
                cautiva la razón por el oído.
                ¿Qué mucho, pues, que el cielo en ese pobre
                de María y Joseph, por Joaquín y Ana
                vinculado solar, prodigios obre,
                si sobre concepción tan soberana,   70
                sobre tan casto matrimonio y sobre
                Encarnación tan altamente humana,
                de albergue de Jesús, Joseph, María,
                a altar pasó de Sacra Eucaristía?
                ¿Que en los páramos del viento   75
                elevada, esas festivas,

esas angélicas voces,
una y otra vez repitan...

Música   Que no ha de estar cautiva
en tirano poder la casa de María.   80

Furor   Haciendo, porque al tomar
tierra aumente mis fatigas,
que sus cláusulas confusas
vuelvan a decir distintas...

Ángel, Música y Él Salga del Asia infiel   85
esta sagrada fábrica divina
y vaya a Europa, donde
más venerada triunfe, reine y viva;
que no ha de estar cautiva
en tirano poder la casa de María.   90

(Con esta repetición y las chirimías se descubra en el primer carro por elevación una fábrica pequeña sobre nubes, con cuatro ángeles en las cuatro esquinas trayéndola como en hombros, y en la fachada principal uno que viene delante, como guiando a los demás, el cual representa cantando.)

Ángel   En esta de Dalmacia
católica provincia,
que al concepto de hoy
no en vano se llamó la Esclavonía,
es donde Dios nos manda   95
(¡oh aladas jerarquías!,
en cuyos hombros vuela
elevada esta fábrica en sí misma)
que la primer mansión

haga, bien como iba   100
del Testamento el Arca
desde un tránsito en otro peregrina,
y pues para que aquí
hoy quede, determina...

Música   Salga del Asia infiel   105
             esta sagrada fábrica divina.

Ángel   Aquí descanse, en tanto
             que su piedad benigna
             por justos juicios suyos
             a otra estación traslade sus reliquias,   110
             ya que de paso quiere
             comunique esta dicha.

Música   Y venga a Europa, donde
             más venerada triunfe, reine y viva.

Ángel   Abata, pues, el vuelo   115
             de tan dulce fatiga,
             que lo que pesa halaga,
             que lo que carga dulcemente alivia,
             mostrando en nuevos rumbos,
             pues de infieles la libra...   120

Música   Que no ha de estar cautiva
             en tirano poder la casa de María.

Ángel   Y repita pidiendo
             de tan no merecida
             piedad, tan no esperado   125

favor, a Europa albricias.

Música   Pues salió de Asia infiel
                esta sagrada fábrica divina,
                quede en Europa, donde
                más venerada triunfe, reine y viva;   130
                que no ha de estar cautiva
                en tirano poder la casa de María.

(Con esta repetición, dejando la casa descubierta y fija en el
aire, desaparecen los ángeles.)

Furor   ¿Cómo si tu Furor
                soy, ¡oh sañuda hidra!,
                que por siete gargantas   135
                los tósigos respiras
                de siete inficionados
                anhélitos que vician
                al Universo, cuando
                en copa de oro rica,   140
                a no hacer la razón
                a los mortales brindas,
                viéndome padecer
                de tanto asombro a vista,
                no en mi socorro vienes?   145

(Ábrese el segundo carro, que será una montaña bruta, y sale
de ella una hidra de siete cabezas coronadas, de cuyas bocas
penderán unas cintas que traerán, como que vienen tirando
de ella la Soberbia, la Avaricia, la Gula, la Lascivia, la Ira,
la Envidia y la Pereza. Y sobre su espalda la Culpa con una
copa de oro en la mano.)

Culpa

Como el ver repetida
en la exención hoy de esa
pobre caduca ruina
la de su dueño, cuya
planta, nunca mordida,   150
en la frente de un áspid
mis siete frentes pisa,
tanto, Furor, me asombra,
tanto me atemoriza,
me asusta y me estremece,   155
que de ti me retira
al seno deste monte,
cuya elevada cima
es a mí y mis secuaces
tumba, sepulcro y pira,   160
porque no sé que haya
en tocando a María,
ni poder que te valga,
ni fuerza que te asista,
pues no solo naciendo   165
en gracia concebida,
pero viviendo en gracia
confirmada, a su limpia
intacta güella no hay,
en cuantas sañas vibran   170
esas siete gargantas,
cerviz que no se rinda.

Soberbia

Dígalo la Soberbia,
de su humildad vencida
cuando al jurarla reina   175
(como del Padre Hija,
como del Hijo Madre,

y como Esposa digna
del Spíritu) toda
la angélica milicia,   180
ella se nombra esclava,
cuya piedad sencilla
de sus triunfos me ahuyenta.

(Vase.)

Avaricia   Dígalo la Avaricia,
                cuando su heredamiento   185
                liberal da a la pía
                obra del hospital
                que a la alta medicina
                de la salud del pobre
                se labró en la picina.   190

(Vase.)

Lascivia   Dígalo, no sé cómo
                pronuncie, la Lascivia
                ante una Virgen Madre,
                tan pura y sin mancilla
                que concibe doncella   195
                y después de parida
                doncella permanece.

(Vase.)

Ira   Y dígalo la Ira,
                también de ella postrada,
                cuando madre propicia   200
                de la misericordia

el hombre la apellida,
sin que su amparo falte
a nadie que le pida.

(Vase.)

Envidia   También lo diga, pero   205
¿cómo podrá, la Envidia,
si que envidiar no tiene?

(Vase.)

Gula   Ni la Gula, pues pía
empobrece a limosnas,
y a la labor se aplica,   210
y al afán de su esposo.

(Vase.)

Pereza   En que también rendida
se mira la Pereza
ganando la comida.

(Vase.)

Culpa   Pues siendo así, Furor,   215
que ni en la primitiva
culpa, ni en la actual,
que de ella se origina,
pues no perdió su Gracia
la original justicia,   220
tengo acción contra ésa,
antes de niña, niña

de los ojos de Dios,
huyendo convencidas
a su nombre mis güestes,   225
¿para qué tus fatigas
en tu favor me invocan,
cuando en tal maravilla
aun antes que el mirarla
me atormentó el oírla?   230

Furor   Culpa en común del hombre,
ya sé que no militan
contra María jamás
tus armas ni las mías;
contra su devoción,   235
puesto que la ejercitan
afectos que tal vez
estraga la malicia,
es contra quien te invoco,
por pensar que sería   240
no pequeño trofeo
que de un milagro a vista
tus vicios coronases.

Culpa   Empresa tan altiva,
de la escamada espalda   245
que oprimí, me derriba
ya a tus conjuros. ¿Cómo?

(Apéase de la hidra, que desaparecerá cerrándose la montaña.)

Furor   Oye la causa.

Culpa   Dila.

Furor   Ya esta tierra... No extrañes
                   el ver que te anticipa   250
                   mi conjetura el tiempo,
                   porque siendo fingidas
                   ideas, como somos,
                   de alguna fantasía
                   que contará esta historia   255
                   a luz de alegoría,
                   cuando significando
                   en aquesta venida
                   (puesto que siempre gracia
                   María significa,   260
                   y la naturaleza
                   siempre es Esclavonía),
                   aquella que a la Ley
                   de Gracia hizo la Escrita,
                   claro está que a lugares   265
                   ni a tiempos nos obliga
                   la precisión, y así,
                   pues que nos facilitan
                   los retóricos tropos
                   el que el oyente mida   270
                   los instantes a horas,
                   las horas luego a días
                   y los días a años,
                   lo que empecé prosiga.
                   Ya esta tierra, admirada   275
                   de ver en sus campiñas
                   una fábrica antes
                   que comenzada antigua,

discurre en su extrañeza...

<table>
<tr><td>Culpa</td><td>Y más cuando examina</td><td>280</td></tr>
</table>

Culpa   Y más cuando examina   280
             sus viviendas y halla
             que sus tapicerías,
             sus estrados y alfombras,
             sus camas y vajillas,
             tan solamente son   285
             cuatro pobres vasijas
             de barro en el vasar
             de una ahumada cocina,
             siendo entre tal menaje
             el dueño que le habita   290
             (cuyo artífice fue
             Lucas evangelista)
             de incorruptible cedro
             una imagen tan viva
             que ser original   295
             copiado de ella misma
             no desdice en la hermosa
             terneza con que aplican
             sobre el izquierdo brazo
             sus amantes caricias   300
             al Niño Dios al pecho,
             en cuya compañía,
             juntando los extremos
             del curso de su vida,
             también un crucifijo   305
             de la materia misma
             y de la misma mano,
             hallan sobre las limpias
             aras, donde el inmenso
             misterio de la Misa   310

se celebró después
de la triunfal subida
que hizo Cristo a los cielos,
comulgando a María
apóstoles, que...

Furor   ¡Calla!   315
No, Culpa, me repitas
que volvió a las entrañas
de quien nació, en la pía
incruenta oblación
de ese sagrado enigma   320
que aun no penetra el ángel,
que el ver que su infinita
gracia a la misma Gracia
aumentos multiplica
es lo que más me aflige   325
en esa hasta hoy no vista
translación, en que juntos
Encarnación se miran
y Sacramento.

Culpa   Pues
volvamos a que admira   330
su novedad la tierra.

(Mirando dentro, como que ven en sombras lo que representan.)

Furor   Ella, pues, discursiva
en qué casa sea ésta
que halla como nacida
y no como labrada,   335

en su verdad delira.

Culpa
    Hasta que, padeciendo
ciciones de prolija
mortal fiebre Alejandro,
su obispo, (cuya vida,   340
siempre ejemplar, fue afecta
a cultos de María),
ella se le aparece
dándole las noticias
de ser la casa ésta   345
donde fue concebida,
donde fue desposada
y donde fue elegida
para Madre del Verbo,
cobrando repentina   350
salud, en testimonio
que hermosas revalidan
las celestiales luces,
que sobre ella iluminan
la cúpula a su esfera.   355

Furor
    Aunque el milagro admiran
todos, no todos, Culpa,
por tal le califican.

Culpa
    ¿Qué importa, si a ese efeto
Dalmacia a Judea envía   360
sus legados, que a expensas
de tributos, fatigas,
tribulaciones y ansias
que el moro que hoy domina
la Santa Tierra cobra,   365

llegan donde averiguan
que en Nazareth se cuenta
ser desaparecida,
sin que haya seña de ella
en toda Palestina?   370

Furor   El sitio reconocen...

Culpa   Y en las dejadas ruinas
de sus quiebras, habiendo
llevado las medidas,
cuadras, compartimientos   375
y ámbitos examinan,
sin que sobre ni falte
un átomo a sus líneas.

Furor   Con esa información
vuelven donde acreditan   380
la verdad de Alejandro.

Culpa   Con que, una vez creída,
es inmenso el concurso
de gentes infinitas,
infinitas naciones   385
que al templo peregrinan.

Furor   En eso, Culpa, es
en lo que necesita
de ti ahora mi furor.

Culpa   Pues ¿qué es lo que imaginas?   390

Furor   Que todos los concursos

de varias romerías
tal vez en celo empiezan
y acaban en delicia;
el verse unos a otros   395
conmueve a la alegría,
la alegría al banquete,
el banquete a la risa,
la risa al baile, al juego,
a la vaya, a la grita,   400
escollos en que siempre
la devoción peligra;
y así quiero que cortes,
desates y dividas
de esas siete gargantas   405
la Gula y la Lascivia,
que el concurso previertan,
la devoción impidan
y la estación profanen.

Culpa   Sí haré, y cuán presto mira   410
               ¡salgan de entre vosotros!...

Música (Dentro.)   Salgan de entre nosotros...

Culpa   Donde nocivas...

Música   Donde nocivas...

Culpa   Hagan sus efetos Gula y Lascivia.   415

Música   Vaya, vaya de fiesta, vaya de jira,

y hagan sus efetos Gula y Lascivia.

(Salen los vicios con instrumentos, cantando y bailando.)

Lascivia   Ya a tu obediencia atenta...

Gula   No habrá en cuantas cuadrillas...

Lascivia   Contiene el campo, apenas...   420

Gula   Una que se resista...

Las dos   A nuestro hechizo.

Furor   Pues
                    porque más repetidas
                    sus voces oigan todos,
                    también las nuestras digan...   425

Todos   Vaya, vaya de fiesta, vaya de jira,
                    y hagan sus efetos Gula y Lascivia.

Lascivia   Mientras yo abraso a todos, tú a todos
                      brinda,
                    que sin Baco y Ceres, Venus se entibia.

Todos   Vaya, vaya de fiesta, vaya de jira.   430

Gula   Si mañana a la muerte todos caminan,
                    bébase hoy, que mañana será otro día.

| Todos | Hagan sus efetos Gula y Lascivia. |

(Mientras ellos cantan y bailan, han salido al tablado el Peregrino, viejo venerable, y el Pensamiento, también vestido de peregrino, luchando con él.)

| Peregrino | ¿Dónde vas, Pensamiento? |

Pensamiento	¿Dónde he de ir, cuando miras	435
	que se canta y se baila,
	que se come y se brinda?,

(Desásese dél y mézclase con los demás, bailando.)

| | sino donde con todos |
| | mi voz repita: |

| Con todos | Vaya, vaya de bulla, de fiesta y jira, | 440 |
| | y hagan sus efetos Gula y Lascivia. |

(Con esta repetición se van bailando y cantando con varios instrumentos los vicios, y el Peregrino detiene al Pensamiento luchando con él.)

| Peregrino | Tente, Pensamiento, no |
| | vayas tras ellos, aguarda. |

| Pensamiento | ¿Cómo, si soy Pensamiento, |
| | me quieres tener a raya? | 445 |

| Culpa | Ya van sembrando venenos |
| | por todas esas campañas |

Gula y Lascivia.

Furor
                              ¿Qué importa,
si de cuantos triunfos ganan
en todos, en solo ese hombre   450
fallecen mis esperanzas?

Culpa   Pues ¿quién es ese?

Furor
                              ¿Qué más
pueden decirte mis ansias
dél de lo que tú te has dicho?

Culpa   ¿Yo?

Furor   Sí.

Culpa   ¿En qué?

Furor
                              En lo que le extrañas,   455
pues no saber dél la Culpa
seña es de saber la gracia.
Un dálmata sacerdote
es, que buscando esta casa
le tray un piadoso voto.   460

Culpa   Con su Pensamiento anda
luchando a brazo partido.

Furor   Oye, que esa es la batalla
del Hombre y su pensamiento.

Peregrino   ¡Tente!

Pensamiento   ¡Suelta!

Peregrino   ¡Mira!

Pensamiento   ¡Aparta!,   465
                             que donde se come y bebe
                             ir tengo, y donde se canta.

(Desásese y baila con la Música, que canta dentro.)

Él y música   Vaya, vaya de fiesta, de jira vaya,
                         y Lascivia y Gula su efeto hagan.

Peregrino   ¡Ay de mí!, que a detenerte   470
                         humanas fuerzas no bastan.

Pensamiento   ¿Cómo han de bastar, si son
                         plumas de viento las alas
                         con que el Pensamiento vuela?

Peregrino   Sin mi voluntad te apartas   475
                         de mí en la oración que haciendo
                         ir quisiera hasta las aras
                         de aquel templo. Y pues sin ella
                         vas, quizá presto a su instancia
                         volverás, no consentido.   480

Pensamiento   Una cosa es que no hagas
                         tú que deje de irme, y otra
                         que la voluntad me traiga;

y hasta entonces...

(Vase apartando dél, y con lo que representa se suspende en
el camino.)

Peregrino   ¿Es posible
            que siendo todas mis ansias   485
            llegar al piadoso umbral
            de María soberana,
            visitar la humilde celda
            adonde fue saludada
            de Gabriel, que sería el ángel,   490
            sin duda, que aquí su casa
            traería, puesto que a él
            Dios los misterios encarga
            siempre de su Encarnación,
(Va volviendo a él.) pues fue el que habló en las semanas   495
            de su venida a Daniel,
            el que anunció, en muestras claras
            de ella, también al Bautista,
            el que trujo la embajada
            y el que en fin, piadosamente   500
            se cree ser su Ángel de Guarda,
            que en tal consideración,
            Pensamiento, te distraigas?

(Suenan los instrumentos y él da vueltas a una parte y otra.)

Pensamiento   No haré tal, ya vuelvo a ti.
               Mas no, no vuelvo.

Culpa   ¡Oh, cuál anda   505 dando el Pensamiento vueltas!

Peregrino   En contemplación tan alta,
                   ¿no te paras?

Pensamiento   Sí.

Furor   ¿Qué fuera
                   de mí, ¡ay mortal!, si llegaras
                   a saber que la oración   510
                   tanto con el cielo alcanza,
                   si la voluntad se enciende,
                   que el Pensamiento se pasma?

Culpa   Vuelvan para divertirlos
                   a decir las voces altas.   515

(Aparecen segunda vez, como primero, los ángeles en su elevación, y dando vuelta con la casa desaparecen con ella, a
tiempo que están como elevados Peregrino y Pensamiento sin
ver la mudanza.)

Ángel   Soberana Jerarquía,
                   a quien puso Dios en guarda
                   deste sagrario, bien como
                   noble solar de su Humana
                   Naturaleza, con él   520
                   volved a cortar las vagas
                   esferas del aire, pues
                   sus arcanos juicios mandan
                   que, como de Asia salió,
                   también desta tierra salga.   525

Música   Salga y corte los vientos, hasta que vaya
                donde más reverente culto la aguarda.

Unos (Dentro.)   ¡Qué asombro!

Otros (Dentro.)   ¡Qué confusión!

Culpa y Furor   Mejor dijeran, ¡qué rabia!

Peregrino   ¿Qué ruido es éste?

Pensamiento   Si el mismo   530
                 Pensamiento no lo alcanza,
                 ¿quién podrá decirlo?

Peregrino   ¿A dónde
                 el templo, que ya dejaba
                 verse desde aquí, se ha ido,
                 que de la vista nos falta?   535

Música   Donde más reverente culto le aguarda.

Peregrino   ¿Qué es esto, cielos?

Furor   Porque
                 no en novedad tan extraña
                 se pierda todo, pon, Culpa,
                 a aqueste en desconfianza.   540

Culpa   ¿Qué ha de ser?, que viendo el cielo
                 que de entre infieles no saca
                 esa casa de María,
                 pues es poca la distancia

	que hay del infiel al vicioso	545
	el día que está en desgracia,	
	según presente justicia,	
	del centro otra vez la arranca,	
	negándosela a esta tierra.	
Peregrino	¡Ay, que no es esa la causa!	550
Furor	¿Pues cuál puede ser?	
Peregrino	Que como	
	ese sacro erario el arca	
	es del Nuevo Testamento,	
	de un tránsito en otro anda.	
Culpa	¿Del Nuevo Testamento es	555
	arca?	
Peregrino	Sí.	
Furor	¿De qué lo sacas?	
Peregrino	¿Qué era lo que contenía	
	aquélla?	
Los dos	Ley, Maná y Vara.	
Peregrino	Pues ésta también: Maná,	
	Vara y Ley.	
Los dos	¿Cómo?	
Peregrino	En la santa	560

imagen de un crucifijo
la Ley, pues la cruz la tabla
es donde el dedo de Dios
escribió la Ley de Gracia;
la Vara en la de María,   565
que ella es de Jesé la vara;
y en el Ara en que el Maná
vivo hoy de los cielos baja,
el mismo Maná, con que
viene a ser en ese alcázar   570
la Vara, el Maná y la Ley,
María, la Cruz y el Ara.

Pensamiento   Y a pagar de mi desvelo,
                     que es la moneda que gasta
                     el Pensamiento, lo afirmo.   575

Los dos   ¡Loco, decrépito, calla!

Furor   Que no ha de poder tu ingenio...

Culpa   Mejor dirás su ignorancia...

Furor   Persuadirnos a que no...

Culpa   Sea el ver que de aquí falta...   580

Los dos   Lo vicioso desta tierra.

Peregrino   ¡Ay de mí, si esa es la causa!,
                     pues yo solo soy el malo
                     que no merecí adorarla.
                     Decís bien, por mí, sin duda,   585

se ausenta.

Furor   Por ti y por cuantas
gentes más a su festejo
que al culto van.

Culpa   Y así trata...

Furor   De desconfiar de que...

Culpa   Dios ese favor te haga...   590

Furor   Pues que nunca merecer
podrás...

Culpa   Ni verla...

Furor   Ni hallarla.

Peregrino De que yo no lo merezca
ya estoy en desconfianza;
de que Dios, sin merecerlo,   595
no me otorgue dicha tanta,
no; que el no fiar de mí
es reconocer mis faltas,
mas no fiar de Dios fuera
desconocer su sagrada   600
misericordia. Y así,
no en mí, en Él la confianza,
tengo de peregrinar
en su seguimiento hasta
que en el altar de María   605
ministre la Sacrosanta

Comunión, o la reciba,
y en ella de mis entrañas
arrancando el corazón,
llegue a ponerle a sus plantas.   610
No te apartes, Pensamiento,
de mí en tan justa demanda
un instante.

Pensamiento   Mal podré,
que, imán piadoso del alma,
tú presumes que me llevas   615
y yo pienso que me arrastras.

(Vanse los dos.)

Furor   ¡Ay de mí, Culpa! Que puesto
que en la alegoría pasada
si la Esclavonia fue toda
la naturaleza humana,   620
y ya depuesta la Escrita,
que fue la fiera, la ingrata
perfidia del Hebraísmo,
no halló acetación la casa
de la Encarnación, ya el verla   625
pasar a otra es semejanza
de que de la Sinagoga
a la Gentilidad pasa
la predicación, y más
si al ver que ese hombre retrata   630
en sacros órdenes toda
la fe y devoción cristiana
que devota es de María,
(Mirando dentro.) añado la circunstancia

	de ser la Marca de Ancona	635
	(fértil provincia de Italia,	
	que es la corte de la Iglesia)	
	el centro donde descansa,	
	pues la casa de Laureta,	
	por quien Laureto se llama	640
	su distrito, es quien la admite	
	al regazo de su falda.	

Culpa   No por vencidos, Furor,
             nos demos porque se hayan
             entrado en la alegoría   645
             en esa nueva mudanza
             Iglesia y Gentilidad;
             ella, después de abrazarla,
             ¿no fue quien más la afligió
             con persecuciones y ansias?   650

Furor   Sí.

Culpa   Pues en nuestras insidias
             se vean significadas
             ellas también.

Furor   ¿De qué suerte?

Culpa   ¡Ira y Soberbia!

(Salen del peñasco la Soberbia y la Ira.)

Los dos   ¿Qué mandas?

Culpa   Que tú, Ira, pues te tocan   655

los robos y muertes, vayas
a los montes de Laureta,
y en las fragosas montañas
que los cercan introduzgas
todo el furor de tus armas   660
en bandidos que despojen
de haciendas, vidas y almas
a todos los peregrinos
que penetraren la estancia
desde hoy del Laureto. Tú,   665
Soberbia, en infiel pirata
de sus mares te transforma,
y, en corso, de toda Italia
el paso infesta, con que
por tierra y por mar sitiada,   670
más tributos en Europa
pagará que pagó en Asia.

Ira   Tú verás con cuánto estrago...

Soberbia   Tú verás con cuánta saña...

Ira   Los pasos corto...

Soberbia   Los mares   675
               impido...

Ira   De sus comarcas.

Soberbia   De sus puertos.

Ira   Que no nueva
               en mí es la bandida rabia

de robar los peregrinos,
u díganlo las campañas   680
de Jericó.

Soberbia   En mí tampoco
los náufragos, pues me llama
la Apocalipsi la bestia
del mar, y por mí las aguas
se entienden tribulaciones.   685

Ira   Y así espera...

Soberbia   Y así aguarda...

Ira   Que en sus selvas...

Soberbia   Que en sus golfos...

Ira   Nadie entre...

Soberbia   Nadie salga...

Ira   Sin peligros...

Soberbia   Sin zozobras...

Ira   Sin desdichas...

Soberbia   Sin desgracias...   690

Ira   Hasta que mal asistida...

Soberbia   Hasta que no bien cursada...

Ira   Su estación...

Soberbia   Su devoción...

Ira   Escondida...

Soberbia   Sepultada...

Ira   Quede a los incultos senos...   695

Soberbia   Quede a las duras entrañas...

Los dos   De los montes del Laureto.

Culpa   Pues yo a quien (bien como incauta
        serpiente que maldecida
        el pecho por tierra arrastra)   700
        la tierra toca, trocando
        en iras las asechanzas,
        contigo iré.

(A la Ira.)

Furor
(A la Soberbia.)   Yo contigo,
        pues como a dragón que explaya
        el río, que a la mujer   705
        intentó impedir la planta,
        contra cuyo raudal hubo
        de vestirla el cielo de alas,
        también del agua me tocan

| | | 710 |

                                      las tormentas y borrascas.

Ira   Pues si tú, Culpa, me asistes...

Soberbia   Si tú, Furor, me acompañas...

Ira   Haz aprehensión...

Soberbia   Imagina...

Ira   Que desde aquí se retrata
en mí la Gentilidad,   715
cuando en los montes andaba
tras la primitiva Iglesia.

Soberbia   Que en mí la seta africana
desde aquí se representa,
cuando haciendo esclavos anda   720
en las católicas costas.

Furor y Culpa Pues, Ira y Soberbia, ¡al arma!

Ira y Soberbia ¡Al arma!, Furor y Culpa.

Los dos   Sin que escándalo nos hagan
esos ecos.

Los otros   Por más que   725
repitan en voces varias

**Los cuatro y
Música**   Salga y corte los vientos hasta que vaya

donde más reverente culto la aguarda.

(Vanse los cuatro y, durante la repetición de la Música, salen atravesando el tablado como que la van siguiendo el Peregrino y el Pensamiento.)

Peregrino	«¿Hasta que vaya donde más reverente culto la aguarda?» 730 Sigue estas voces.

Pensamiento   Si vas
tan en las alas del viento,
que con ser yo el Pensamiento
me deja el afecto atrás,
¿cómo es posible?

Peregrino   Si el día   735
que aquel gran milagro oí,
sabes que dar ofrecí
el corazón a María
en las aras de su altar;
si, habiéndoseme ausentado,   740
sabes cuán presto he pasado
del Adriático mar
el pequeño golfo, que
a Dalmacia dividió
de Italia, donde tomó   745
puerto; y si sabes que en fe
deste deseo aún no son
todas las alas del viento
tan veloces, Pensamiento,
como las del corazón,   750
neciamente torpe y ciego

admiras que no me igualas,
si al fin volamos con alas
tú de aire y yo de fuego.

Pensamiento   Dices bien, y siendo así   755
que en espacio imaginado
al Laureto hemos llegado,
¿quién nos dirá por aquí
dónde vive una Señora
que sin mudarse se pasa   760
de un barrio a otro con su casa?

Peregrino   En tal despoblado agora
a quién preguntar no vi;
mas oye, por si veloces
vuelven a sonar las voces   765
que dijeron.

(Dentro Laureta, dama.)

Laureta   ¡Ay de mí,
infeliz!

Unos   ¡Socorro, cielos!

Otros   ¡Cielos, favor!

Peregrino   ¡Qué pesar!

Pensamiento   Aqueste es otro cantar.

Culpa y Furor   ¡Mueran todos!

(Dentro disparando algunas pistolas.)

Peregrino   Torpes hielos   770
                        nos van sembrando el camino.

Pensamiento   ¿Qué mucho, si lo que dice
                        el eco solo es?

(Sale Laureta huyendo despavorida.)

Laureta   Felice
                        y infelice peregrino;
                        felice, pues como aquél   775
                        que de Sión descendió,
                        la rosa de Jericó
                        vas buscando; y como él
                        infelice, pues que vas
                        a dar también en las manos   780
                        de bandoleros tiranos;
                        ten el paso y vuelve atrás.
                        No lo misterioso oses
                        averiguar de estas selvas
                        donde las felicidades   785
                        se rozan con las tragedias,
                        pues apenas el aurora
                        a ellas vino, cuando en ellas
                        turbar los blancos albores
                        intentaron sombras negras,   790
                        que, síncopas de su oriente
                        y su ocaso, hacen que sean
                        lágrimas en nuestros ojos

las que en los suyos son perlas;
apenas (digo otra vez)   795
la mística rosa intentas,
en el regazo del alba,
gozar dulcemente tierna,
cuando espinas de otras flores
(no suyas) verás que cercan   800
si no el rosal en que nace,
el plantel en que se alberga.
Apenas, ampo del día,
la más cándida azucena
al rayo del Sol verás   805
que, halagüeñamente honesta,
abriga al pecho los granos
del oro que intacta engendra,
cuando de grosero arado
verás, ya que no la muerda   810
el corvo diente, que el surco
por lo menos se le atreva
a descaminar arroyos,
porque en ondeadas culebras
a no besarla la planta   815
el curso a otro valle tuerzan,
tan a pesar de las aves
que sin su compás gorjean,
que a la más llena de gracia
los trinos el eco trueca,   820
pues en vez de cantos de aves
se escuchan gemidos de Eva;
siendo de todo ese bosque
a la palma más excelsa,
más alto ciprés, más fértil   825
plátano, oliva más bella,

más enamorado lirio,
durable cedro y vid tierna,
en descortés ojeriza
de su hermosa primavera,   830
airado cierzo, el estrago
de una sañuda violencia.
Mas ¿para qué, ¡ay, infelice!,
retóricamente necia,
por frases digo lo que   835
debo decir a la letra?
Apenas, pues, venerable
peregrino, y bien a penas,
esa fábrica que corre,
ese edificio que vuela,   840
ese palacio que anda,
ese alcázar que navega
a ponerse en salvo, donde
vasallajes no padezca
ya de infieles que le ultrajen,   845
ya de fieles que le ofendan,
en mi dichosa heredad
tomó asiento (de Laureta
haciendo que la memoria
viva a los siglos eterna),   850
cuando el piadoso concurso
de tantas gentes diversas
como a él peregrinaban
religiosamente atentas,
despertó la Ira en aleves   855
ánimos, que humanas fieras
destos montes, en las vidas
y en los robos ensangrientan
presas y garras, sin que

haya en todo el campo hierba   860
que amaneciendo esmeralda
rojo rubí no anochezca.
Tan común el alalido
es de todos cuantos llegan
a tocar destas montañas   865
los términos, que a una queja
reducidas las demás
solo se oye...

(Vuelven a disparar.)

Los dos   ¡Todos mueran!

Unos   ¡Piedad, Señora!

Música   ¡Piedad!

Otros   ¡Clemencia, Virgen!

Música   ¡Clemencia!   870

Laureta   Mas ¿para qué lo repite
mi voz, si ya de más cerca
llanto y iras se oyen? Sigue
mis pasos, que yo las sendas
como dueño sé del monte,   875
y alguna habrá que nos pueda
dar escape.

(Vase.)

Peregrino   ¡Ay, infelice!,

que aunque yo seguirte quiera
dos imposibilidades
lo estorban.

Pensamiento   ¿Qué son?

Peregrino   Las fuerzas   880
fallecidas a la edad
y la piadosa terneza
de haber llegado hasta aquí,
y que desde aquí me vuelva
sin lograr la dicha, solo,   885
sacando el decir, sin verla
¡piedad, Señora!

Música   ¡Piedad!

Peregrino   ¡Clemencia, Virgen!

Música   ¡Clemencia!

Peregrino   ¿Pero qué temor, qué asombro,
qué horror, qué ira, qué fiereza   890
habrá que mi celo impida?
Pues aunque mil vidas pierda,
menos importa que no
que tan gran motivo tuerza.

Pensamiento   ¿A dónde vas?

Peregrino   A morir   895

en igual demanda.

(Vuelven a luchar.)

Pensamiento   Piensa
primero el riesgo.

Peregrino   Ya tú,
Pensamiento, me le acuerdas;
mas no basta.

Pensamiento   Mira.

Peregrino   Aparta.

Pensamiento   Advierte.

Peregrino   Quita.

Pensamiento   Oye.

Peregrino   Suelta,   900
que aunque puedes, Pensamiento,
moverme, no hacerme fuerza.

Pensamiento   Si ya otra vez me detuve
yo por ti, ¿por qué tú esta
por mí no te detendrás?   905

Peregrino   Porque no está en mano nuestra
que el Pensamiento nos lidie,
y está...

| Pensamiento | ¿Qué? |

| Peregrino | Que no nos venza;
y así a pesar tuyo tengo
de pasar. |

(Arroja de sí al Pensamiento y al entrarse salen Ira y Culpa
vestidos de bandoleros, y pónenle al pecho las pistolas.)

| Los dos | ¿Dónde? |

| Peregrino | A esas selvas,　　910
donde el templo de María
está, pues oír me alienta... |

| Con los otros | ¡Piedad, Señora! |

| Música | ¡Piedad! |

| Él y todos | ¡Clemencia, Virgen! |

| Música | ¡Clemencia! |

| Culpa | Antes perderás la vida.　　915 |

| Peregrino | ¿Qué más vida que perderla
en busca suya? |

| Culpa | Veamos
si lo es o no. Ira, ¿qué esperas?
¡Muera en este peregrino
de María la fe! |

| Ira | ¡Muera! | 920 |

(Disparan los dos y no dan fuego las pistolas, y dice dentro
el Ángel.)

| Ángel | No hará, que para mayor |
| | fin Dios su vida reserva. |

| Culpa | ¡Ay de mí! Faltó a mis armas |
| | el fuego. |

Ira	Conque fue fuerza,
	no dando fuego la Culpa,	925
	que la Ira no le encienda.

| Pensamiento | Pues tan suspensos quedaron, |
| | ¡huye! |

Peregrino	Inspiración me alienta,
	no temor de dar la vida
	por vos, pura Virgen bella,	930
	pues no he de desistir hasta
	que a vuestras plantas la ofrezca.

(Vase.)

Pensamiento	Gran cosa es ser Pensamiento;
	conmigo no salen ni entran,
	que hasta ver lo que hace un hombre	935
	no hay ver lo que un hombre piensa.

(Vase.)

Culpa   Síguelos, Ira, que absorta,
           helada, muda y suspensa
           yo no puedo.

Ira   Sí haré, puesto
           que la Culpa al que huye de ella   940
           no le sigue, aunque su ira
           vaya tras él.

(Vase.)

Culpa   Fortaleza
           de Dios, ¿qué quieres de mí,
           que en la piadosa defensa
           deste hombre me amenazas   945
           algún prodigio?

(Sale el Ángel.)

Ángel   Que veas
           (pues fortaleza de Dios
           dijiste que se interpreta
           Gabriel) que Gabriel es justo
           que ser la guarda se entienda   950
           de esa casa de María.

Culpa   De buen cuidado te precias
           por una vida que salvas
           donde hay tantas que perezcan.

Ángel   Si en la significación   955
           de alguna pasada idea
           (a donde la Esclavonía

era la Naturaleza)
fue pasar la Ley Escrita
a la de Gracia primera   960
mudanza; si la segunda
fue, huyendo a las asperezas,
significar los trabajos
de la primitiva Iglesia,
huida a los montes, adonde   965
de la Gentilidad ciega
la persiguieron las iras,
ya es tiempo que en la tercera
se signifique también
que salió triunfante de ellas   970
a coronarse, ocupando
las más altas eminencias
de las cimas de los montes,
dejándose, descubierta,
manifestar sin los riesgos   975
de las pasadas malezas,
adonde vivió escondida.

Culpa   ¿Cómo?

Ángel   De aquesta manera
(Cantado.)   ¡Ah de la guardia del templo,
aladas inteligencias,   980
a quien sus mansiones tocan!

(Esta responsía es en ecos.)

Música   ¿Qué mandas?, ¿qué quieres?, ¿qué dices?,
¿qué ordenas?

Ángel   Que tercera vez salga de aquestas selvas...

Música   Salga de aquestas selvas.

Ángel   Porque más descollada, más descubierta...985

Música   Salga de aquestas selvas.

Ángel   Pueda visitarse mientras no llega
                  donde más reverente culto la espera.

Música   Salga de aquestas selvas
                  porque más descollada, más descubierta 990
                  pueda visitarse mientras no llega
                  donde más reverente culto la espera,
                  salga también, salga de aquestas selvas.

(Suenan las chirimías y vese en el segundo cuerpo del segundo carro otra casa con la misma fábrica y pintura que la primera, con diferencia solo de que ésta ha de estar fija y puedan abrirse sus puertas a su tiempo.)

Ángel   Mira cómo ya en aquel
                  vecino collado, fuera   995
                  de los peligros del monte,
                  cercana del mar se asienta.

Culpa   ¿Qué importa, ya hechos los ojos
                  a ver una vez tan nueva
                  maravilla acontecida,   1000
                  que repetida la vuelva
                  a ver, para que quien supo
                  levarla la vez primera

de su primera mansión
por falta de reverencia,   1005
y la segunda por sobra
de insultos, también no sepa
de la tercera arrojarla?
Pues aún a la hidra quedan
más gargantas que desate,   1010
con que perseguirla pueda
también allí.

Ángel   ¿Cómo?

Culpa   ¿No es
el collado en que se asienta
apenas de aquí una milla,
pequeño tercio de legua,   1015
heredad de dos hermanos
que por árida y por seca
no la han partido hasta agora?

Ángel   Sí.

Culpa   Pues siguiendo la mesma
metáfora, si en los montes   1020
la guerra la hizo la ciega
Gentilidad, en los llanos
verás que la hacen la guerra.

Ángel   ¿Quién?

Culpa   Los ladrones de casa,
a quien también se refiera   1025
la Apostasía (supuesto

que el hereje es de la Iglesia
el doméstico enemigo),
para cuyo efeto, al verla
los dos en su heredad, mira   1030
cómo te los representan.

Ángel   ¿Quién?

Culpa   La Avaricia y la Envidia.

(De dentro de la casa salen luchando la Envidia y la Avaricia,
en un tabladillo que habrá delante de ella.)

Envidia   A mí me toca en herencia
este terreno, pues soy
mayor hermano.

Ángel   No fuera   1035
del texto al mayor hermano
la Envidia hace.

Avaricia   Considera
que pues está no diviso
este sitio, antes que pierda
la acción dél, he de perder   1040
la vida, que no es bien tengas
(ya que esta ventura quiso
entrársenos por las puertas)
tú los aprovechamientos
de las limosnas y ofrendas   1045
que pueden hacerme rico
a mí, ya que tú lo seas

por mayor.

Ángel   Bien la Codicia
en el segundo se muestra,
pues ya hubo segundo hermano   1050
que puso lo sacro en venta.

Envidia   Yo las partiré contigo,
como tú el nombre no tengas
de dueño.

Ángel   ¡Qué propia envidia,
no querer que otro parezca   1055
dueño de nada!

Avaricia   Pues como
yo los intereses tenga,
¿qué se me da a mí del nombre?

Ángel   ¡Ah, Codicia! ¡Que no sientas
ver que se pierda el honor   1060
como el caudal no se pierda!

Avaricia   Y así remitir podemos
la lucha a la convenencia;
pues como iguales partamos
lo que a la imagen se ofrezca   1065
y la devoción de todos
venga a ser granjería nuestra,
¿qué me importa a mí el dominio?

Envidia   Pues sea así.

Avaricia   Pues así sea.

Envidia   Medre él, como mande yo.   1070

Avaricia   Mande él, como yo enriquezca.

(Vanse por los dos lados de la casa y ciérrase el peñasco.)

Culpa   ¿Qué dirás desto, al ver que hay
                  hechos, cuestiones y temas
                  de casa enemigos?

Ángel   Que
                  si supo de otras violencias   1075
                  ponerse en salvo, también
                  ¿quién duda que sabrá desta?

Culpa   ¿Dónde?

Ángel   El tiempo lo dirá.

(Vase el Ángel.)

Culpa   Sí dirá, mas dondequiera
                  sabré seguirte.

(Dentro el Pensamiento.)

Pensamiento   Hoy verás   1080
                  que en vano seguirme intentas.

Culpa   ¿Qué oráculo de su culto

ha respondido en defensa?

(Dentro el Furor, y sale la Ira.)

Furor
El viento abrazo, por más
que entre mis brazos le tenga.   1085

Culpa
«¿El viento abrazo, por más
que entre mis brazos le tenga?»
¿Qué es eso, Ira?

Ira
                              Al peregrino,
como mandaste, seguí,
y apenas del mar le vi   1090
tomar la orilla, camino
buscando para volver
(según hablando a este intento
iba con su Pensamiento)
al Templo, en llegando a ver   1095
que encontraba compañía
que el paso le asegurase,
cuando impidiendo que pase
de una ensenada que hacía
el mar, adonde había dado   1100
fondo la seta africana,
que hoy es la Soberbia vana
con los triunfos que ha ganado,
le apresó, y hecho cautivo
se hizo a la vela con él.   1105
Su Pensamiento, el cruel
trance viendo, fugitivo
huyó, con que aunque el Furor
le sigue, prenderle dudo,

pues nunca alcanzarle pudo;   1110
de modo que aunque al rigor,
a la miseria y tormento
va del remo condenado,
va alegre con que ha dejado
en Loreto el Pensamiento.   1115

Culpa   Aunque de esa prisión fío
               no logre el voto su fe,
               no he de parar hasta que
               su Pensamiento sea mío;
               procura tú por ahí   1120
               atajarle, mientras yo
               por aquí le sigo.

(Sale el Pensamiento huyendo del Furor, y siempre que llega
a abrazarse con él se le escapa dentre los brazos, abrazando
al viento. Lo mismo sucede a Culpa y Ira, y él huye libre de
los tres.)

Pensamiento   No
               has de alabarte que a mí
               jamás pudiste prenderme.

Furor   ¿Pues dónde te has de amparar?   1125

Pensamiento   Donde me manda quedar
               mi dueño; y así a ponerme
               en salvo iré.

Culpa   Mi agonía

te saldrá al paso.

(Abraza al aire.)

Ira   Y mi aliento.

Pensamiento   Nada teme pensamiento   1130
                     que quedó puesto en María.

(Vase.)

Furor   ¡Ay de mí!, que aquel fervor
                     esta fuga es.

Culpa   ¿Qué te inquieta,
                     si del Alcorán la seta
                     que hoy la Soberbia es, Furor,   1135
                     dueño de ese hombre se halla?

Furor   Nada en el hombre tenemos
                     sin Pensamiento.

Todos   Intentemos
                     seguirle.

(Vanse los tres y óyese un clarín en el tercero carro, que será
una galera, y dando vuelta se ven en ella la Soberbia en la
popa, vestido de mozo, y el Peregrino, entre otros, puesto al
remo, vestido de cautivo.)

Soberbia   ¡Boga, canalla,
                     boga!, y corte la esfera   1140
                     del ancho mar del mundo esta galera,

que a oposición labrada de la nave
de la Iglesia, nadar y volar sabe;
si ella en auroras de rizada espuma,
de verdinegra bruma   1145
ésta en abismos, siendo sus soldados
voluntarios allá y aquí forzados.
Dígalo en ese anciano
la devoción piadosa del humano
género, reducida   1150
a tales propensiones de la vida
que, imagen de la culpa y de la pena,
leva el remo y arrastra la cadena.

Peregrino   Ya sé que las pasiones
                 humanas todas son tribulaciones   1155
                 que el agua significa;
                 mas también sé que el agua, si se aplica
                 al llanto, significa su consuelo;
                 y más cuando la fe, piedad y celo
                 puesto en María...

Soberbia   No prosigas, ¡calla!   1160

Peregrino   Nada deja temer.

Soberbia   ¡Boga, canalla!,
                 proejando hasta doblar de aquel celaje
                 el cabo que del África es pasaje,
                 en cuyo escollo quiero
                 que descanse la proa, porque espero   1165
                 aún con mayor vitoria saludalla,

y así, hasta dar con él, ¡boga, canalla!

(El clarín, y da vuelta la galera.)

Peregrino   ¿Cómo, si ya de la vecina tierra
             los bajos roza el buque?

Soberbia   Pues, ¡a tierra!
             ¡A costa!, y tú no más salta conmigo.   1170

Peregrino   Sí haré, pues sin tu ley tus leyes sigo.

(Saltan los dos de la galera al tablado.)

Soberbia   Ya ves, miserable anciano,
             que si perdió el Asia un templo
             material, un templo vivo
             África ha ganado, puesto   1175
             que templo vivo de Dios
             es el hombre, y más teniendo
             en el sacerdotal orden
             aquel carácter impreso
             que, alma del alma, le obliga   1180
             con más perfección a serlo.
             Y siendo así, que en común
             representas hoy, sujeto
             a mi esclavitud en esa
             cadena, la de los yerros,   1185
             que, forjados de la culpa,
             arrastró el hombre primero,
             y que también en común
             la Soberbia represento,
             aunque aquí en particular   1190

aquélla cuyos trofeos
hoy tan soberbia la tienen,
que ella y yo somos lo mesmo,
piensa cuál te está mejor,
ya que en mi poder es cierto   1195
que tarde o nunca podrás
volver a tu patrio centro,
vivir en éste cautivo,
mísero, abatido y preso,
o, mudando religión,   1200
hacerte señor y dueño
de mi poder, que no es
menos dilatado imperio
que del África y el Asia,
pues ambos dominios tengo.   1205
¿No me respondes? Bien haces,
que es dar a entender suspenso
el que lo piensas.

Peregrino   Te engañas,
porque ¿cómo, ¡ay de mí!, puedo
yo aquí pensar nada, cuando   1210
está allá mi Pensamiento?

Soberbia   Persuádele, que él vendrá
a la voluntad atento.

Peregrino   No hará, que es norte muy fijo
adonde le dejé puesto.   1215

Soberbia   ¿Pues no es de la voluntad
vasallo?

Peregrino   Sí, mas no habiendo
voluntad para mandarlo,
mal podrá él obedecerlo.

Soberbia   ¿Por qué no habrá voluntad?   1220

Peregrino   Porque es fuerza que primero
por el Pensamiento a ella
le pase cuál el afecto
es a que quiere inclinarle,
y no estando él aquí, es cierto   1225
que no le puede pasar
a ella por el pensamiento.

Soberbia   El tiempo sabrá mudar,
con los malos tratamientos,
buenos propósitos.

Peregrino   No   1230
esperes que podrá hacerlo.

Soberbia   ¿Por qué?

Peregrino   Porque para hacer
mudanza tan de un extremo
a otro extremo, es fuerza que haya
libertad; yo no la tengo,   1235
que no soy dueño de mí.

Soberbia   Es verdad, yo soy tu dueño,
y yo te lo mando.

Peregrino   No hablo

yo deste caduco imperio
de la vida.

Soberbia   ¿Pues de cuál?   1240

Peregrino   Del del alma.

Soberbia   ¿Y es ajeno
ése en ti?

Peregrino   Sí, que no es mío
mi corazón, y no siendo
mío el corazón, que es
virrey del alma (supuesto   1245
que es el que primero anima
y último muere), mal puedo
enajenar monarquía
de dominio que no tengo.

Soberbia   ¿Pues cúyo es tu corazón,   1250
que no es tuyo?

Peregrino   De otro dueño
a quien ya le di.

Soberbia   ¿Mi esclavo
no eres?

Peregrino   Sí, en la vida.

Soberbia   Luego
si el corazón de la vida
primero y último centro   1255

es, tampoco enajenarle
pudiste, y tengo derecho
a poder cobrarle yo.

Peregrino   ¿Cómo?

Soberbia   Rasgándote el pecho
para ver si está o no está   1260
en él.

Peregrino   Sagrado precepto
nos manda que no temamos
a poder que a solo el cuerpo
puede extenderse y no al alma.

Soberbia   Considera...

Peregrino   Nada temo.   1265

Soberbia   Advierte...

Peregrino   Nada reparo.

Soberbia   Piénsalo mejor...

Peregrino   Mal puedo
sin pensamiento pensar;
demás que aun con pensamiento
no lo pensara mejor,   1270
pues lo mejor sin él pienso.

Soberbia   ¿Qué es?

Peregrino   Perder una y mil vidas
                         antes que cometa yerro
                         de tan vil estelionato
                         que obligue lo que no tengo.   1275

Soberbia   ¿Por qué?

Peregrino   Porque tan grabado
                         de María el nombre tengo
                         en el corazón, tan fijo
                         en vida y alma, tan dentro
                         de las entrañas, que...

Soberbia   ¡Calla!,   1280
                         que, ¡vivo yo!, que he de verlo,
                         y cómo en entrañas vida,
                         alma y corazón impreso
                         está el nombre de María.

(Embiste a él con el puñal, y echándole en el suelo le saca del
pecho un corazón ensangrentado.)

Peregrino   Ella sabe que no siento   1285
                         la muerte, sino no ser
                         yo quien le lleve a su templo,
                         en cuyas aras pensé
                         lograr el dichoso trueco
                         de, dándola el corazón,   1290
                         recibir el Sacramento.

Soberbia   ¡Muere, caduco, a mis manos!

Peregrino   Virgen bella de Loreto,

en protección vuestra, a Dios
el spíritu encomiendo.   1295

Soberbia   Ya el corazón arrancado
de sus entrañas, no veo
el nombre en él de María,
bien que al pronunciarlo tiemblo.
¿Qué es esto? ¿Yo me acobardo?   1300
¿Yo me asusto y me estremezco?
A la Soberbia, vestida
de vil sacrílego afecto
de réproba seta, ¿falta
valor? En vano me aliento,   1305
mas no, no me aliento en vano;
mísero, infelice viejo
si deste corazón era
María el hermoso dueño,
toma y llévale a María.   1310

(Arrójaselo.)

(Levántase ensangrentado el Peregrino y toma del suelo el
corazón.)

Peregrino   Sí haré.

Soberbia   ¡Ay infeliz! ¿Qué veo?
¿Cómo contra todo el orden
natural (¡qué sentimiento!)
siendo el corazón (¡qué asombro!)
el órgano (¡qué veneno!)   1315
que vital y animal (¡qué ansia!)
vivifica (¡qué tormento!)

los spíritus (¡qué ahogo!)
de todo aqueste pequeño
mundo del hombre (¡qué pena!),   1320
es posible (¡qué despecho!),
que sin él (¡qué pasmo!) pueda
animar (¡qué horror!), teniendo
agilidades de vivo
en precisiones de muerto?   1325
Y aún no aquí el prodigio para,
pues alzándole del suelo,
con él camina.

Peregrino   Mortal,
si te admiró en un desierto
que Cristo con pocos panes   1330
sustente número inmenso,
¿cómo no te admira ver
que en los poblados con menos
(pues es de nada) sustente
junto a todo el Universo?   1335
Mas, ¡ay!, que por raro allí
nos admiró aquel suceso,
y estotro no nos admira
por frecuente, que es lo mesmo
que pasa por mí, si atiendes,   1340
que esto es raro, mas no es nuevo,
pues para darle a María,
puesto en ella el pensamiento,
todos nuestros corazones
en nuestras manos tenemos.   1345

(Vase con el corazón en la mano y canta toda la Música.)

Música   Pues para darle a María,
                puesto en ella el pensamiento,
                todos nuestros corazones
                en nuestras manos tenemos.

Soberbia   Sonoras músicas siguen   1350
                entre cambiantes reflejos
                de visos que le iluminan
                los pasos que da en el viento,
                sin que le impidan los mares.
                ¿Qué es esto, cielos, qué es esto?   1355
                Mas, ¡ay infeliz!, ¿qué dudo?,
                si sé que es de María efecto,
                contra quien no hay en la Culpa
                fuerza, aunque los siete cuellos
                de la hidra, desatados,   1360
                respiren sus siete alientos.
                Dígalo yo, que primera
                cerviz suya, cuando intento
                vestir infieles disfraces,
                ya que consiga un trofeo,   1365
                es para ver un milagro,
                con cuyo desaire vuelvo
                a mi pavorosa cárcel
                absorto, confuso y ciego,
                pues vuelvo oyendo esas voces,   1370
                que, repetidas del eco,
                no hay cóncavo en que no suenen
                una y otra vez, diciendo

Él y música   Que para darle a María,
                puesto en ella el pensamiento,   1375
                todos nuestros corazones

en nuestras manos tenemos.

(Vase la Soberbia con esta repetición, y salen con la misma
Furor y Culpa como oyéndola.)

Culpa   ¿«Que para darle a María»...

Furor   «Puesto en ella el pensamiento»...

Culpa   «Todos nuestros corazones»...   1380

Furor   «En nuestras manos tenemos»?

Culpa   ¿Furor?

Furor   ¿Culpa?

Culpa   ¿Has escuchado
               armoniosos acentos
               en el aire repetidos?

Furor   Y hubiera a sus voces muerto,   1385
               a ser capaz de morir.

Culpa   ¿Qué nos dice Dios en ellos?

Furor   No sé; que como al obrar
               el soberano misterio
               de su Encarnación me puso   1390
               nieblas de tupidos velos
               ante los ojos, parece
               que en tocando al más pequeño
               viso suyo, tropezando

| | con todo, con nada encuentro | 1395 |
| | desta misteriosa casa. | |

Culpa   Ni yo, pues que no penetro
               más de que huyendo delitos
               del poco culto primero,
               del mucho terror después,   1400
               después del avaro afecto,
               en los términos de Roma
               en real camino se ha puesto,
               que no siendo de ninguno
               es de todos.

Furor   ¡Ay!, que eso   1405
               es cerrar la alegoría,
               pues es estarnos diciendo
               que la Iglesia en real camino,
               ya para todos abierto,
               está en la romana curia.   1410

Culpa   Lo alegórico dejemos
               y vamos a lo historial;
               ¿qué ecos habrán sido estos
               que, hiriendo nuestros oídos,
               han pronunciado en el viento?   1415

(Dentro Laureta, y sale despavorida al segundo verso.)

Laureta   ¿Adónde podré ampararme
               segunda vez de otro miedo,
               otro pavor, otro asombro?

Culpa	¡Mujer, tente!	
Furor	Di, ¿qué es eso?	

Laureta	A la orilla de ese mar	1420
	estaba, ¡ay de mí!, sintiendo	
	soledades de María,	
	(pues para tan poco tiempo	
	la gozó mi heredad, bien	
	que para que viva eterno	1425
	su nombre, con conservar	
	donde hoy yace el de Laureto	
	pagó el hospedaje) cuando	
	en ella vi tomar puerto,	
	sin saber de qué bajel,	1430
	pálido, herido y sangriento,	
	descubiertas las entrañas	
	por el desgarrado pecho,	
	el corazón en las manos,	
	un cadáver o esqueleto	1435
	con poca alma para vivo	
	y con mucha para muerto.	
	Claras luces, suaves voces	
	le acompañan; mas no puedo	
	proseguir, pero ¿qué mucho?,	1440
	si todos huyen diciendo	

(Salen por varias partes.)

Lascivia	¿Adónde irán mis desdichas?
Gula	¿Adónde mis desconsuelos?

Envidia	¿Dónde a parar van mis ansias?	
Avaricia	¿Dónde a morir mis tormentos?	1445
Ira	¿Dónde a descansar mis iras?	
Soberbia	¿Dónde a fallecer mis riesgos?	
Los dos	¿Qué es esto, mortales vicios?	

Soberbia Volver a ti, pretendiendo,
dos veces mortales, que   1450
vuelvas a abrir dese centro,
Culpa, la oscura prisión,
para que de la hidra el cuerpo
cobre sus siete gargantas
por quien respire venenos   1455
que desahoguen las furias
y los rencores de vernos
postrados a tal asombro.

Todos   Pues vendrá a importarnos menos,
que ver nuevos triunfos fuera,   1460
sentir nuevas penas dentro.

Soberbia Y para que veas con cuánta
causa huimos y tememos,
vuelve a ver fe y religión
de aquel venerable viejo   1465
a quien la soberbia mía,
revestida en infiel dueño,
dio muerte: verás que tray
de su voto en cumplimiento

| | a María el corazón. | 1470 |

Ira

Y a quien de todos los pueblos
que ha pasado sigue el vulgo,
a coros con él diciendo
de su oficio los más dulces,
más enamorados versos.   1475

Todos

A cuyo cántico todos
fuerza es postrarnos oyendo

(Salen los cuatro ángeles que aparecieron en la casa con hachas, alumbrando al Peregrino, que ensangrentado tray el corazón en las manos. Detrás dél todos los músicos, y delante de todos, guiándolos, el Ángel. Los vicios se postran como va pasando hasta llegar al cuarto carro, que será un templo suntuoso, el cual, abriéndose en dos mitades, descubrirá una fábrica rica con un altar, y en él una imagen a imitación de la de Loreto. En la mesa del altar habrá un cáliz y hostia con su araceli y al pie dél el Pensamiento, como en oración, arrodillado.)

Peregrino

Ave, estrella de la mar,
Madre de Dios soberana.

Música

Ave, maris stella,   1480
Dei mater alma.

Peregrino

Ave, siempre Virgen pura,
feliz puerta de la gloria.

Música

Atque semper virgo,

| | felix celli porta. | 1485 |

| Peregrino | Ave, ¡oh, tú!, que concebiste
oyendo a Gabriel las voces. | |

| Música | Summens illud Ave
Gabrielis ore. | |

| Peregrino | Tú, que para nuestra paz
mudaste a Eva en ¡Ave! el nombre. | 1490 |

| Música | Funda nos in pace,
mutans Evæ nomen. | |

| Peregrino | Ave, y dando al ciego luz,
los lazos al reo disuelve. | 1495 |

| Música | Solve vincla reis,
profert lumen cæcis. | |

| Peregrino | Y para que nuestros males
con tus bienes se mejoren. | |

| Música | Mala nostra pelle,
bona cuncta posce. | 1500 |

| Peregrino | Muéstrate ser madre, haciendo
por ti nuestro ruego acete. | |

| Música | Monstra te esse matrem,
summat per te præces. | 1505 |

| Peregrino | El que de tu vientre quiso | |

ser el más bendito fruto.

Música   Qui pro nobis natus
                tullit esse tuus.

Pensamiento   Dése al Padre la alabanza,   1510
                la honra al Hijo Cristo, y luego...

Música   Sit laus Deo Patri,
                Summo Cristo decus.

Pensamiento   Al Espíritu la gloria,
                porque sea en este triunfo.   1515

Música   Spiritui Santo,
                tribus honor unus.

Culpa   Hollando nuestras cervices
                y pisando nuestros cuellos,
                por encima de nosotros   1520
                ha pasado.

Furor   Y hasta el templo
                ha llegado, a cuyas puertas,
                que a admitirle se han abierto,
                retraído de nosotros
                encuentra su Pensamiento.   1525

Soberbia   Cobrado, con él se abraza.

Pensamiento   No me dirás, por lo menos,
                que donde quedé no me hallas.

Peregrino   Claro está, pues por ti vuelvo,
                     que si no estuvieras vivo   1530
                     tú, ya estuviera yo muerto.

Ángel   Sube al altar, y con él
                     suba nuestra voz al cielo
                     para que con experiencia
                     reconozca el Universo...   1535

Música   Que para darle a María,
                     puesto en ella el pensamiento,
                     todos nuestros corazones
                     en nuestras manos tenemos.

Unos   ¡Qué asombro!

Otros   ¡Qué confusión!   1540

(Sube, acompañado de los ángeles, al altar.)

Peregrino   A vuestras plantas ofrezco,
                     Virgen pura y sin pecado,
                     desde el instante primero
                     de vuestro primero ser,
                     privilegiado ab eterno,   1545
                     este humilde corazón;
                     nada os doy, pues ya era vuestro.
                     Solo en premio de mi fe
                     (pues Vos sois de mi fe el premio)
                     os suplico ya, Señora,   1550
                     que a vuestro piadoso ruego
                     tan sobrenaturalmente
                     viví hasta aquí, el breve tiempo

me dilatéis el favor
que tarden mis muchos yerros   1555
en confesarse, porque
con menos indigno afecto
en vuestras aras reciba
este santo Sacramento,
mostrando que para hallarle   1560
sois el camino más cierto.

Ángel   Yo te ofrezco de su parte
esa piedad, porque luego
que le hayas recibido
sea tu piadoso entierro   1565
la peana de su altar.

Furor   Llegó a su extremo el extremo
de mis desdichas.

Culpa   ¡Qué mucho,
si llegó al mayor aumento
de la Gracia!

Soberbia   Declarando   1570
al mundo con este ejemplo
que para atropellar vicios...

Ira   Y recibir el inmenso
milagro de los milagros...

Todos   Es María el mejor medio.   1575

Peregrino   Pues confesaldo vosotros
para mayor dolor vuestro,

mientras para mayor honra
suya decimos a un tiempo

Todos y Música Que para darle a María,   1580
         puesto en ella el pensamiento,
         todos nuestros corazones
         en nuestras manos tenemos.

(Con esta repetición y chirimías se cierra el carro y acaba el auto.)

Libros a la carta

A la carta es un servicio especializado para
empresas,
librerías,
bibliotecas,
editoriales
y centros de enseñanza;
y permite confeccionar libros que, por su formato y concepción, sirven a los propósitos más específicos de estas instituciones.

Las empresas nos encargan ediciones personalizadas para marketing editorial o para regalos institucionales. Y los interesados solicitan, a título personal, ediciones antiguas, o no disponibles en el mercado; y las acompañan con notas y comentarios críticos.

Las ediciones tienen como apoyo un libro de estilo con todo tipo de referencias sobre los criterios de tratamiento tipográfico aplicados a nuestros libros que puede ser consultado en Linkgua-ediciones.com.

Linkgua edita por encargo diferentes versiones de una misma obra con distintos tratamientos ortotipográficos (actualizaciones de carácter divulgativo de un clásico, o versiones estrictamente fieles a la edición original de referencia).

Este servicio de ediciones a la carta le permitirá, si usted se dedica a la enseñanza, tener una forma de hacer pública su interpretación de un texto y, sobre una versión digitalizada «base», usted podrá introducir interpretaciones del texto fuente. Es un tópico que los profesores denuncien en clase los desmanes de una edición, o vayan comentando errores de interpretación de un texto y esta es una solución útil a esa necesidad del mundo académico.

Asimismo publicamos de manera sistemática, en un mismo catálogo, tesis doctorales y actas de congresos académicos, que son distribuidas a través de nuestra Web.

El servicio de «libros a la carta» funciona de dos formas.

1. Tenemos un fondo de libros digitalizados que usted puede personalizar en tiradas de al menos cinco ejemplares. Estas personalizaciones pueden ser de todo tipo: añadir notas de clase para uso de un grupo de estudiantes, introducir logos corporativos para uso con fines de marketing empresarial, etc. etc.

2. Buscamos libros descatalogados de otras editoriales y los reeditamos en tiradas cortas a petición de un cliente.

www.ingramcontent.com/pod-product-compliance
Lightning Source LLC
LaVergne TN
LVHW090859240726
843527LV00050B/86